2025 전문예술지원사업 다년지원

주최·주관 김나원

후원 세종특별자치시 세종시문화관광재단
SEJONG CULTURE AND TOURISM FOUNDATION

* 본 도서는 세종특별자치시와 세종시문화관광재단의 후원으로 발간되었습니다.

작가 소개 | 김나원

김나원 작가는 색을 통해 마음을 이해하고, 시선을 통해 세상을 바라본다.
심리, 미술, 색채를 전공하며 색의 감정 언어에 매료되었고, 색채심리 연구를 통해 색이 지닌
따뜻한 위로의 힘을 탐구해왔다. 현재는 미술치료의 만다라 기법을 바탕으로, 다양한 색과
색약자의 시선을 주제로 한 작품 활동을 이어가고 있다. 서로 다른 눈으로 세상을 보더라도,
마음은 같은 빛으로 이어질 수 있음을 작품으로 전하고 있다.

목 차

색의 시선

프롤로그

세상은 색으로 가득하지만,
모두가 같은색을 보는 것은 아니다.

누군가에게는 강렬한 빨강이고,
누군가에게는 다정한 갈색이다.

세상의 빛은 달라도,
그 안에 담긴 마음의 온기는 같다.

✿ 일반적인 시선
　모든색의 스펙트럼을 인지하는 시선

✿ 색약자의 시선
　특정색의 구분이 약하게 인식되는 시선

1장. 하양

세상의 시작.
사락사락 내린 눈위의 첫 발자국을
남기는 것처럼 모든 것이 새롭고 투명하다.

부드러운 안개.
모양이 사라지고, 온기만 남는디-.

✽ 같은 시선

2장. 빨강

일반적인 시선

두근두근.
심장이 뛰는 색, 사랑의 온기.

타닥타닥.
조용히 타오르는 장작불처럼
오랜 여운이 남는다~

3장. 주황

일반적인 시선

물끄러미.
저 멀리 보이는 노을을 함께 바라본다.

색약자의 시선

포근포근.
노랗게 스민 노을.
그 안의 온기는 여전히 머문다.

4장. 노랑

하하호호.
햇살이 마음에 닿을 때마다
세상이 반짝인다

8

하하호호.
따스한 빛이 마음을 꼭 안아준다.

❈같은 시선

5장. 연두

몽글몽글.
새싹이 피어나고,
부드러운 희망이 생겨난다-

색약자의 시선

사르르르.
손 끝에 닿으면 보드라니 녹아내릴 것 같은
이른 봄의 속삭임이다~

6장. 초록

산들산들.
부드럽고 평화롭다~
생명이 움트고, 시간이 자란다~

색약자의 시선

바스락바스락.
나뭇잎이 바람결에 흔들린다.
따스함이 번진다.

7장. 파랑

일반적인 시선

반짝반짝.
마음의 바다가 빛을 담고,
스스로를 비춘다.

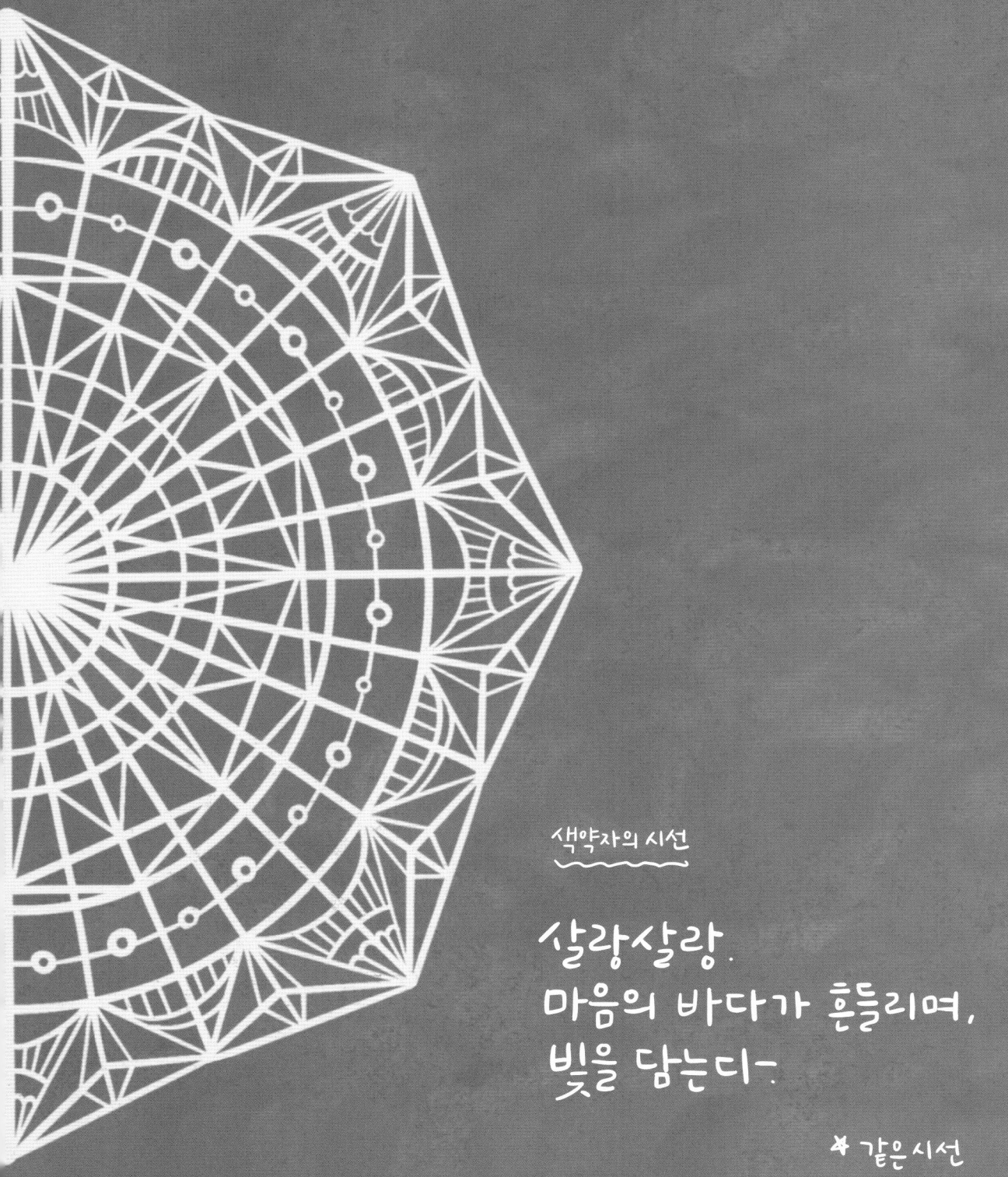

살랑살랑.
마음의 바다가 흔들리며,
빛을 담는다~

✿ 같은 시선

8장. 보라-

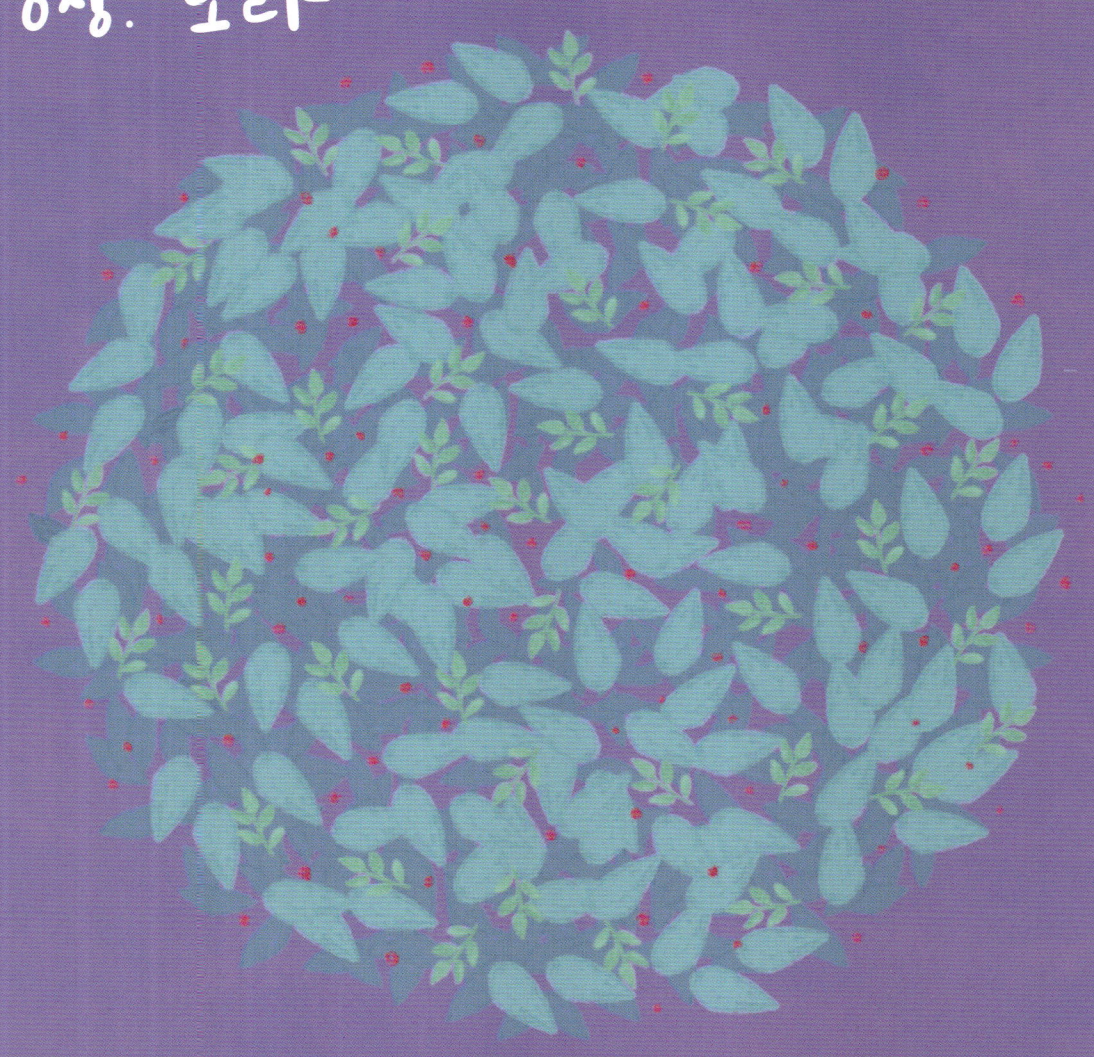

일반적인 시선

아른아른.
신비로움과 그리움 사이,
마음이 살며시 흔들린다-

16

소곤소곤.
푸르스름한 고요가
마음에 잔잔히 내려앉는다.

9장. 분홍

사락사락.
차가운 푸름 속에서도
설렘은 조용히 피어난다.

스르르.
마음속 긴장이 녹아-
편안함으로 번진다-

10장. 검정

일반적인 시선

살금살금.
그림자 속 바람이 스치지-
고요속에서 색이 깨어난다.

시나브로.
발걸음마다 고요가
은은히 퍼져 나간다.

* 같은 시선

21

일반적인 시선

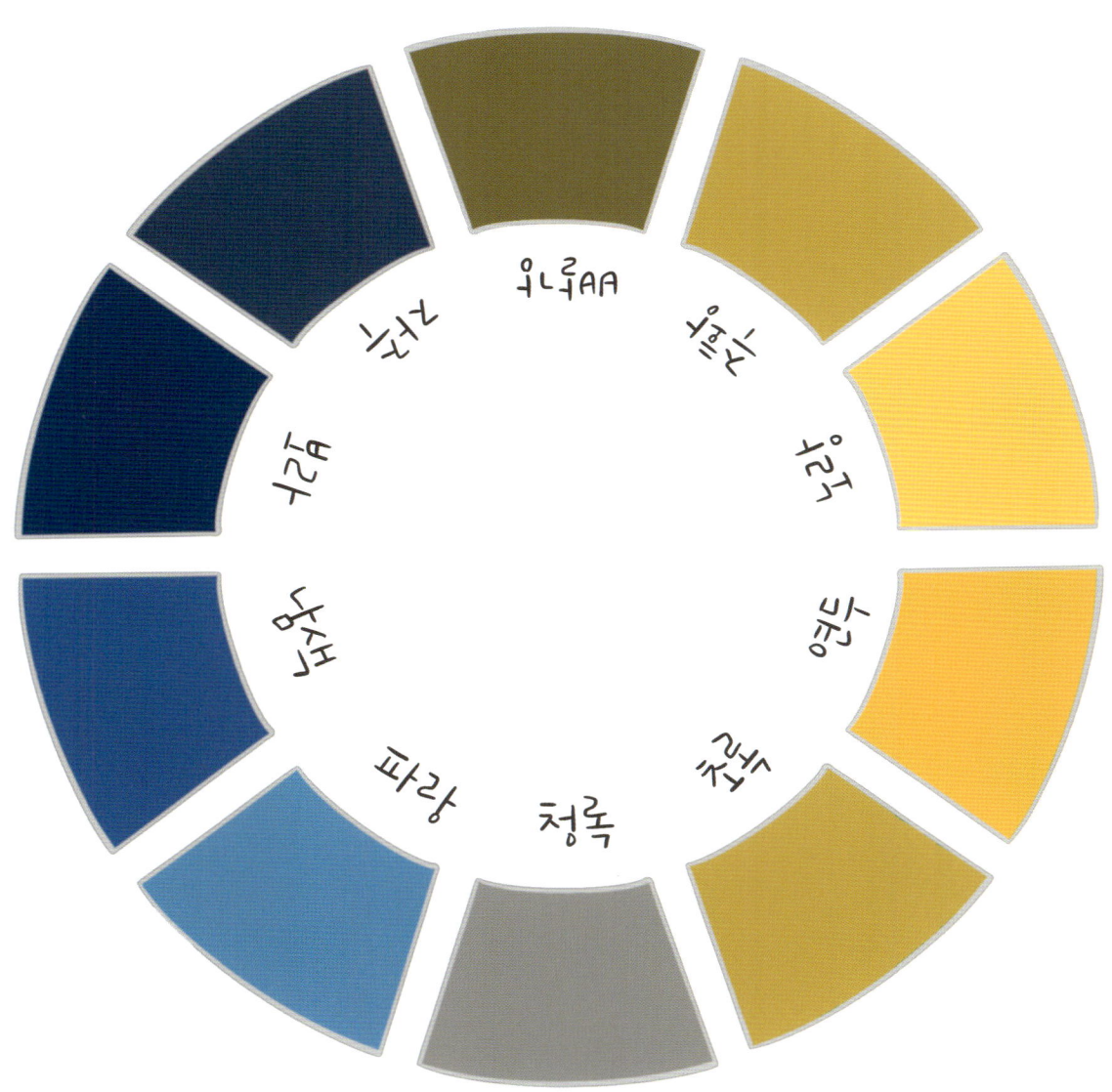

색약자의 시선

✿ 한글 색약검사

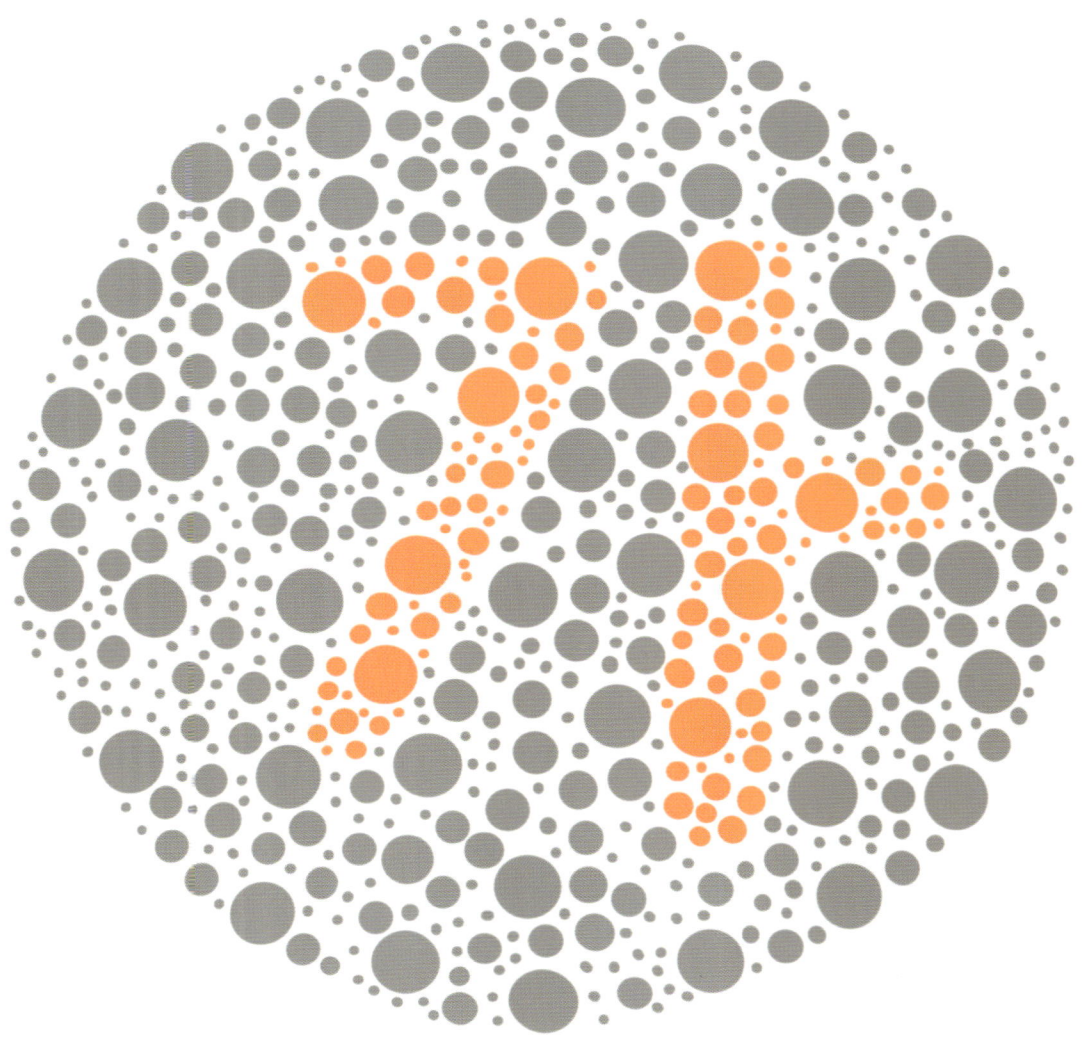

보이지 않는다면, '전색맹'일 수 있습니다.

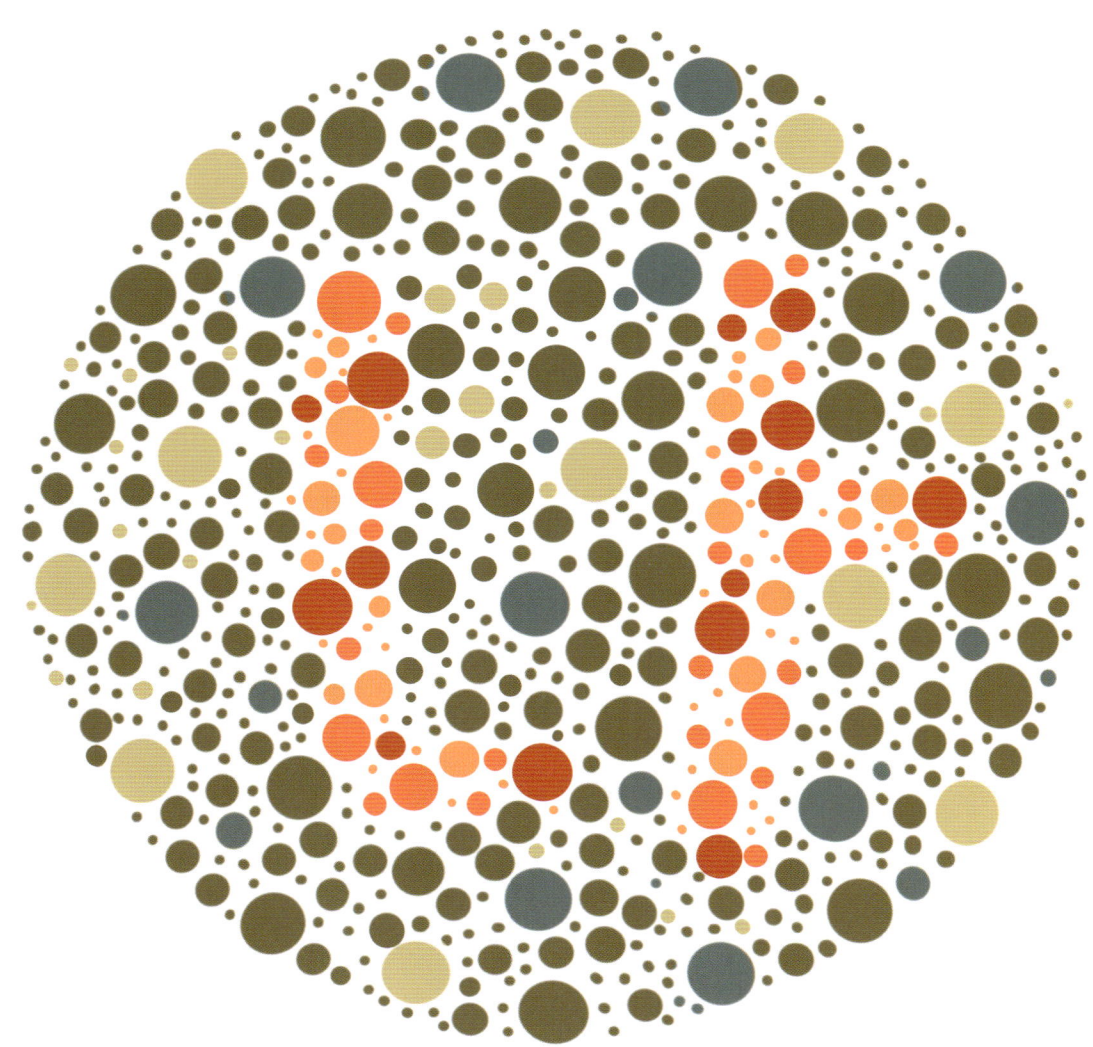

보이지 않는다면, '적색·녹색'의 이상이 있을 수 있습니다.

✡ 컬러링

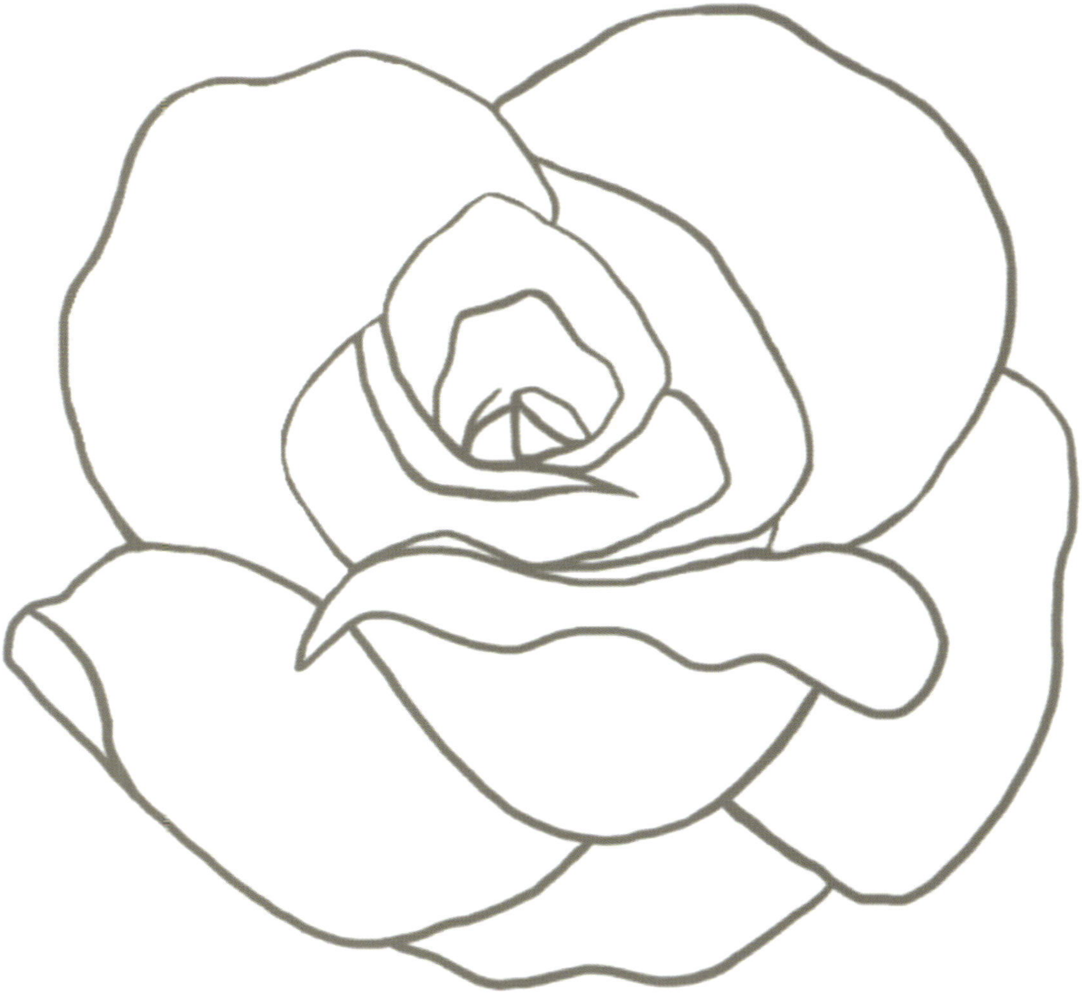

'일반적인 시선'으로 색칠해 보세요.

작품에 사용한 컬러로 배열해 보세요.

'색약자의 시선'으로 색칠해 보세요.

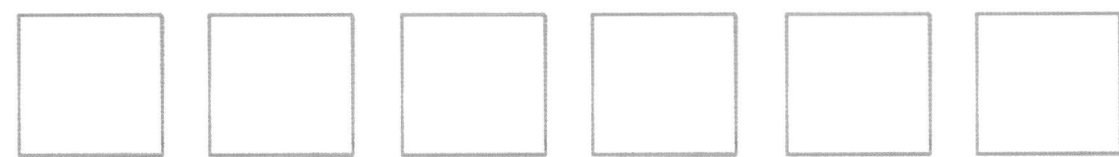

작품에 사용한 컬러로 배열해 보세요.

✿ 컬러링

'일반적인 시선'으로 색칠해 보세요.

작품에 사용한 컬러로 배열해 보세요.

28

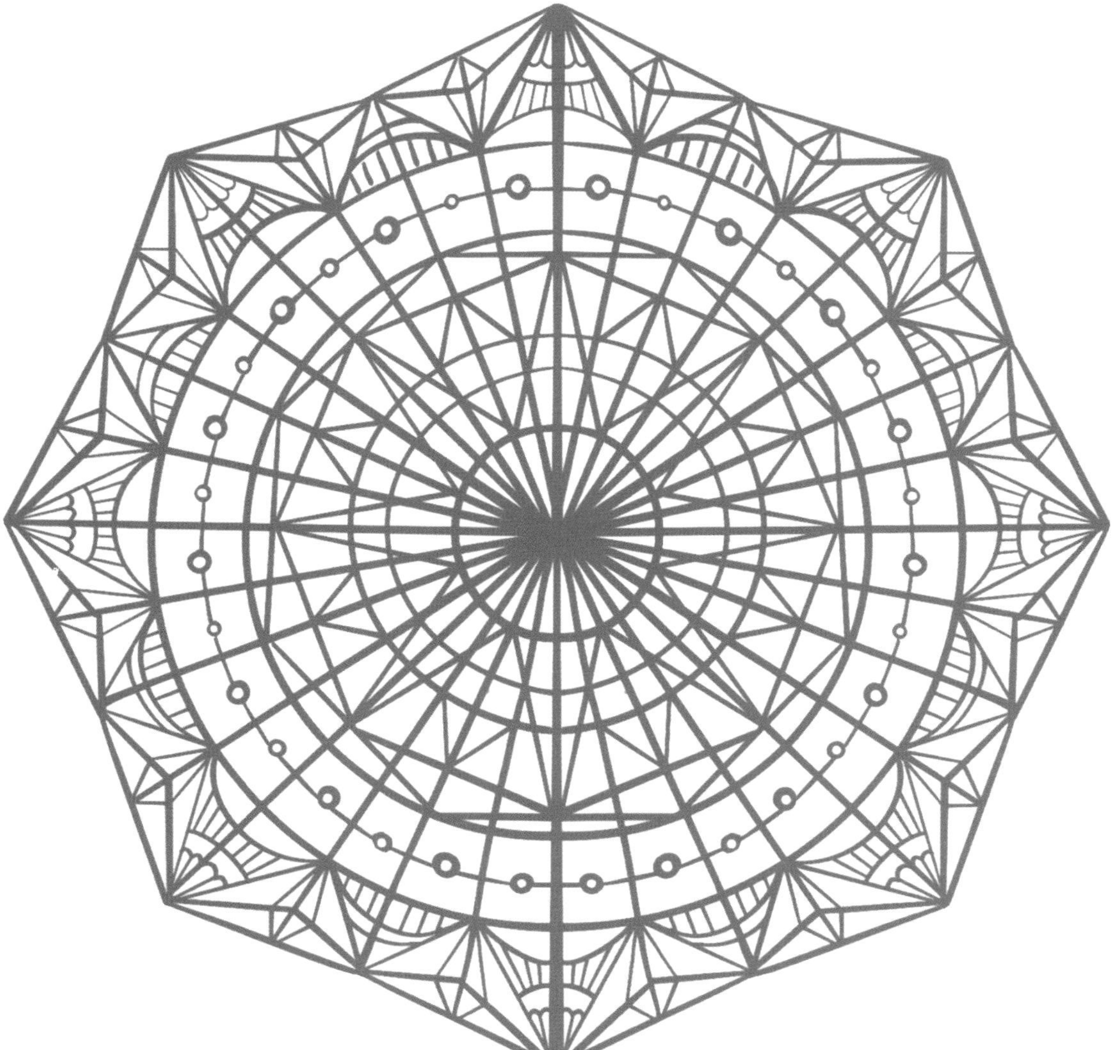

'색약자의 시선'으로 색칠해 보세요.

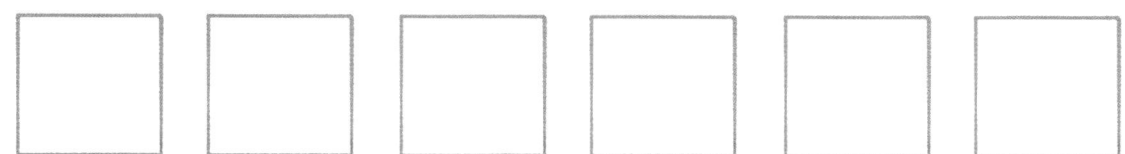

작품에 사용한 컬러로 배열해 보세요.

29

✳ 컬러링

'일반적인 시선'으로 색칠해 보세요.

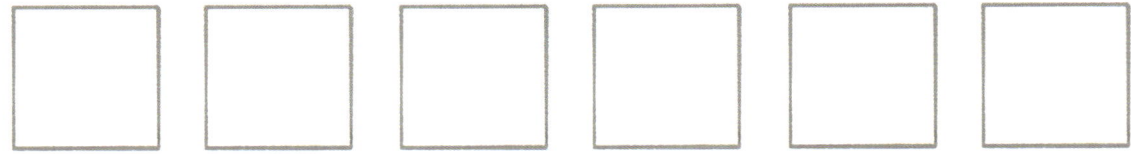

작품에 사용한 컬러로 배열해 보세요.

'색약자의 시선'으로 색칠해 보세요.

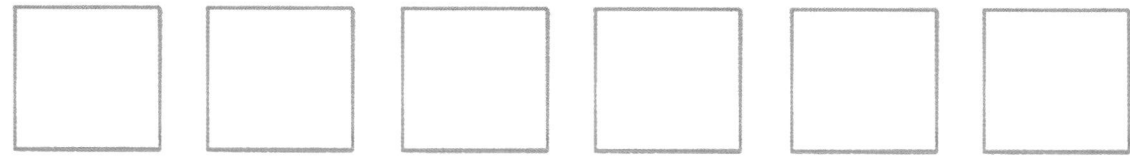

'색각이상'이란?

우리가 보는 색은 대상이 반사하는 빛의 파장에 따라 달라져요.

보라 430nm, 초록 520nm, 노랑 575m, 빨강 650nm로 나타납니다.
가시광선(350~750nm)은 이 빛의 조합으로 색을 만들어내며,
색 인지는 눈과 뇌의 작용에 따른 주관적 감각이기 때문에 사람마다 다를 수 있어요.

우리의 눈 안이는 '원뿔세포'라는 작은 빛의 감지자가 있어요.
이 세포들은 빨강(L: Long), 초록(M: Medium), 파랑(S: Short) 빛에 반응하며,
이 세 가지가 어우러져 우리가 보는 모든 색의 세계를 만들어냅니다.
그런데 어떤 사람은 이 세포 중 하나가
조금 다르게 작동하거나, 없을 수도 있어요.
그럴 때 색이 다르게 보이는데,
이것을 '색각이상'이라고 합니다.

세포의 수와 작동 방식에 따라
세 가지 세포가 모두 정상이라면 정상색각,
세포는 세 가지이고 하나의 기능이 약하면 이상삼색형,
두 가지만 있다면 이색형,
한 가지만 있거나 없을 때는 단색형이라 부릅니다.
단색형은 매우 드물며, 시력이 약하거나 눈 떨림이 함께 나타나기도 합니다.

어떤 세포가 다르냐에 따라
Protan(적색형) : 붉은 빛을 어둡게 혹은 검게 느낄 수 있어요.
Deutan(녹색형) : 가장 흔한 형태로, 빨강과 초록의 구별이 어려워요.
Tritan(청색형) : 매우 드물며, 파랑과 노랑의 구분이 어려워요.

참고문헌

1. 한국신경안과학회 (2022). 장봉린 신경안과학 (제4판). 서울: 일조각.
2. 엄부섭, 박성후, 박현준, 변익수, 서제현, 이종수, 이지웅, …, 최희영 (2013). 안과검사 (제3판). 서울: 내외학술.

왜 이렇게 다를까요?

대부분은 태어날 때부터 타고나는 유전적 특징이에요.
특히 적색형과 녹색형은 X염색체와 관련되어
남성에게 조금 더 자주 나타납니다.
국내에서는 남성의 약 5.9%, 여성의 0.4% 정도가 색각이상을 가지고 있어요.
이 중에서도 녹색약(Deuteranomaly) 이 가장 많고,
적색맹(Protanopia)과 녹색맹(Deuteranopia)은 각각 약 1% 내외입니다.
청색형 이상이나 완전색맹은 매우 드물어요(약 0.005%).
하지만 나이가 들거나, 눈·신경·뇌 질환,
또는 약물의 영향으로 후천적으로 생기기도 합니다.

세상을 보는 또 다른 방식
많은 사람들은 자신이 색을 다르게 본다는 걸
오랫동안 모르고 살아가기도 합니다.
하지만 그건 잘못된 시선이 아니라,
세상을 다른 빛의 조합으로 바라보는 눈이에요.
색이 다르게 보인다고 해서 마음의 빛이 다른 건 아닙니다.
그 속에서도 자신만의 색을 발견하고,
그 빛으로 세상을 물들이며 살아갑니다.

예전에는 색각이상자를 '색맹'이라 불렀지만,
'맹(盲)'은 '전혀 보지 못한다'는 뜻이라
모든 색각이상자를 그렇게 부르는 건 정확하지 않아요.
이제는 '색각이상'이라는 표현을 사용하며,
다름을 인정하고 이해하는 사회로 나아가고 있습니다.

"색이 다르게 보여도,
마음의 빛은 모두 같은 곳을 향한다."

에필로그.

색은 서로 다르게 보여도,
마음은 결국 같은곳을 향한다.

서로의 눈으로 세상을 바라보면,
세상은 한층 더 다정하게 빛난다.

모든 색이 어우러질때,
빛나는 하양 속에서 우리는
틀림이 아닌 다름을 이해하고,
서로를 존중하는 시간을 마주하게 된다.

**

발 행 2025년 1월 6일
지은이 김나원
펴낸곳 시사랑음악사랑
편 집 충청매거진 (042-533-3363)

**

E-mail colorist.nw@gmail.com
값 15,000원
ISBN 979-11-6284-622-3